AF462553

UNE CHÈRE MÉMOIRE

MADAME

MENNECHET DE BARIVAL

BIBLIOTHÈQUE NATIONALE
RF

MADAME MENNECHET DE BARIVAL

A L'ÉPOQUE DE SON MARIAGE

UNE CHÈRE MÉMOIRE

MADAME

MENNECHET DE BARIVAL

R.F.

COMPIÈGNE
IMPRIMERIE HENRY LEFEBVRE
31, RUE SOLFERINO, 31

1889

Ln27 38979

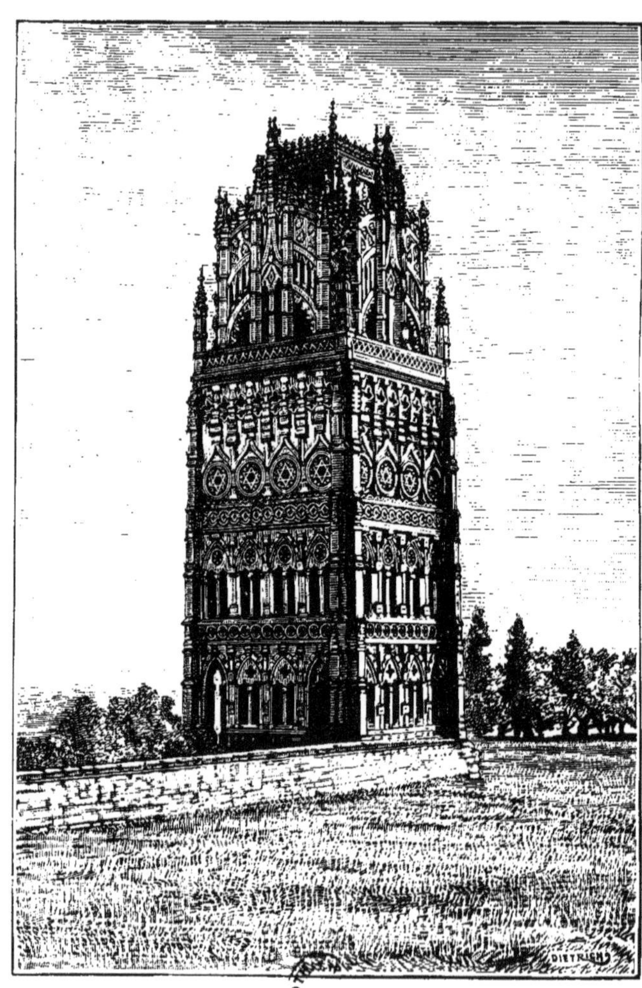

BF

LE DONJON DE CHIRY-OURSCAMPS

DIT LA TOUR MENNECHET

MADAME

MENNECHET DE BARIVAL

La commune de Chiry-Ourscamps, située entre les villes de Compiègne et de Noyon, mais bien plus rapprochée de cette dernière, comprend un territoire qui, du plateau d'une montagne, s'étend en pente sur une plaine traversée par la rivière d'Oise et la grande ligne du chemin de fer du Nord. C'est sur cette dernière partie du territoire qu'on voit surgir d'intéressants vestiges de l'ancienne et célèbre abbaye d'Ourscamps, fondée en 1129, par Simon, évêque de Noyon, qui y appela des religieux de Clairvaux.

On y remarque notamment l'édifice encore à

peu près entier et d'un beau caractère monumental, à destination de Salle de Conseil, mais vulgairement dit Salle des Morts, parce qu'il a transitoirement servi d'infirmerie et de lieu de dépôt provisoire, pour les dépouilles de plusieurs illustres personnages.

En regard de ces belles ruines abbatiales et à la cime du coteau opposé, sur les pentes duquel se déploie le village même de Chiry, s'élève une haute et vaste tour ou donjon monumental, d'aspect imposant, d'un style à part, sans analogie dans la région, ni dans celles voisines. Quoique d'un caractère architectural indéterminable, ce grand et curieux édifice, orné de saillies et de baies ajourées, semble quelque peu rappeler ceux élevés par les anciens Maures de l'Espagne.

Outre les particularités de sa structure, ses vastes proportions, sa situation sur un point culminant attirent les regards des voyageurs qui parcourent la ligne du chemin de fer, comme elles sollicitent l'attention et la curiosité des touristes. On interroge, on demande ce qu'est ce monument, à quel souvenir historique il se rattache, etc., et la réponse banale des gens du pays ou de la station qu'on traverse, se borne généralement à celle-ci : c'est la tour Mennechet. La locomotive emporte bien vite les voyageurs, davantage intrigués par cette brève et trop brève réponse qui ne leur explique rien.

Quant aux touristes, plus avides et plus à portée de renseignements, ils finissent par apprendre, avant ou après une visite à la tour, qu'elle a été édifiée, il y a environ vingt-cinq ans, par des ouvriers du village et par ceux d'une commune voisine appelée Ville, sous la personnelle et exclusive direction de son propriétaire, M. Mennechet de Barival, qui seul aussi en a fait tous les frais ; mais il reste un *desideratum* à leur curiosité, c'est de savoir pourquoi, sous quelle inspiration, dans quelles circonstances cet imposant édifice a été construit.

Pour donner satisfaction à ce *desideratum*, il suffirait, à la rigueur, de dire que M. Mennechet de Barival, inconsolable de la perte d'une femme jeune encore, qui avait toutes ses tendresses et dont les éminentes qualités le rendaient aussi heureux que fier, s'arracha brusquement à l'existence brillante de son ménage à Paris, pour s'isoler dans un village, pour s'y abstraire plus paisiblement dans le souvenir de son incomparable compagne; qu'il y fit élever, comme un autre Mausole, la tour monumentale qui porte son nom, pour se rapprocher, vers les cieux, de la chère envolée, pour faire diversion aux tristesses de son veuvage et permettre à ses regards d'apercevoir, dans le lointain horizon, cette ville natale de Saint-Quentin lui rappelant les meilleurs souvenirs de son enfance.

Mais il convient d'étendre cette explication en justifiant les manifestations, en apparence excessives, des douloureux regrets de M. Mennechet de Barival, par les qualités, les talents, les mérites multiples de celle qui en fut le cher et principal objet.

Henriette Caroline Paillet, née à Paris le 10 août 1815, révéla, dès sa tendre enfance, les plus précieux dons naturels, dont l'épanouissement n'a pas fait défaut à l'avenir. Ses parents, concentrant toute leur tendresse sur cette enfant unique si privilégiée, se plaisaient à voir croître et à développer, eux-mêmes, sa remarquable intelligence, ses aspirations vers tout ce qui élève l'âme et ennoblit le cœur. Son père, M. Charles Paillet, expert des musées nationaux, par son charmant et loyal caractère, aussi bien que par la supériorité de ses connaissances et de ses goûts artistiques, s'était créé les meilleures relations dans les hautes sphères non seulement de la peinture et de la sculpture, mais encore de la littérature et de la musique. Comme tous les arts se tiennent, cela n'a rien qui puisse surprendre, cela explique comment, dans son entourage et plus tard dans celui de sa fille, se rencontraient toutes les célébrités contemporaines.

Dans un tel milieu, des attractions diverses se disputaient les préférences de la jeune fille et c'est la musique qui l'emporta, sans rien altérer, pourtant, du sentiment exquis en matière picturale et littéraire. Avec ses dispositions privilégiées, elle ne tarda pas à devenir une brillante musicienne, une véritable artiste dont son principal maître, Kalbrenner, a été constamment fier, et son remarquable talent de pianiste, qui éclatait souvent en délicieuses improvisations, lui acquit, bien précocement, cette flatteuse notoriété si enviée, mais, en général, si longtemps attendue par les meilleurs artistes.

Son agréable physique rappelait celui de ces belles andalouses à l'œil vif, à la chevelure d'un ton d'ébène et, par instinct plus que par coquetterie calculée, elle aimait à harmoniser ce type personnel avec la claire mantille, avec la résille espagnole qui lui seyaient à merveille.

La séduction naturelle que la précoce virtuose exerçait autour d'elle avait atteint plus particulièrement un de ses jeunes cousins qui en devint fortement épris et obtint le privilège d'être son heureux époux. C'était M. Alphonse Mennechet de Barival appartenant à une des plus anciennes et des plus honorables familles de Saint-Quentin, doué lui-même des meilleures qualités natives, richement développées par une éducation supérieure.

Si, à raison du jeune âge des époux, on a pu dire que leur mariage fut aussi une union précoce, on n'en peut pas moins affirmer qu'elle ne cessa d'être heureuse, en même temps que flatteuse pour chacun d'eux.

A la virtuosité de sa jeune femme, M. Mennechet de Barival associa ses sentiments généreux, son goût exquis et élevé pour toutes les choses de l'art ; très apprécié sous ce rapport et unissant à un tempérament facilement enthousiaste un caractère des plus sympathiques, il contribua, pour sa part, à rendre plus fréquentés et plus enviés encore, les beaux et brillants salons de la rue Grange-Batelière.

Tous les personnages célèbres, ou déjà en voie de l'être, y étaient attirés et aimaient à s'y trouver réunis. A les nommer tous la liste serait trop longue ; mais on peut néanmoins citer, parmi les gens de lettres : Lamartine, Victor Hugo, Émile de Girardin, Lacretelle, Balzac, Alphonse Karr, Théophile Gautier, Auguste Vacquerie, baron Taylor, Henri Martin (le compatriote de M. Mennechet de Barival), Émile Deschamps, Roger de Beauvoir, Eugène Sue, Alphonse Royer, Paul de Saint-Victor, Charles Blanc, un parent Édouard Mennechet, lecteur des rois Louis XVIII et Charles X ; la comtesse Merlin, Sophie Gay, Anaïs Ségalas, avec les grands avocats orateurs, Chaix d'Est-Ange et Paillet ; — parmi les compositeurs et artistes musiciens : Kalbrenner, Meyerbeer, Donizetti, Auber, Carafa, Ambroise Thomas (presqu'un enfant de la maison), Halévy, Adolphe Adam, François Bazin, Litz, Georges Onslow, Antony Elwart, Paganini, Bériot, Théodore Labarre, Batta, Félix Lecouppey ; — parmi les peintres et sculpteurs : Horace Vernet, Paul Delaroche. Eugène Isabey. Ciceri, Eugène Delacroix, Hippolyte Flandrin, Couture, Muller, Camille Roqueplan, Decamps, Cabanel, Pradier, Dantan aîné et Dantan jeune et *tutti quanti* parmi lesquels on peut encore citer : le prince de Montléar, la duchesse d'Otrante et le prince Pignatelli.

Toutes ces célébrités étaient accueillies, avec un empressement plein de charmes, dans ces beaux salons de la rue Grange-Batelière, où elles ne ménageaient pas leur satisfaction expansive. Là, elles déployaient leurs supériorités respectives dans un échange aussi intéressant qu'animé d'appréciations, de propositions et de discussions courtoises, où se combinaient, dans le sens le plus élevé et le plus délicat, le sentiment, l'esprit et le goût. C'était le régal des intermittences laissées par la partie musicale.

Mais, quand la brillante virtuose allait s'asseoir devant son beau piano de Pleyel, aussitôt tous les regards se portaient sur elle, toutes les bouches étaient closes, toutes les oreilles tendues. C'était merveille de voir sa vive physionomie s'harmoniser aux nuances de l'exécution et comme se transfigurer sous l'inspiration du sentiment musical. Les plus difficiles compositions des grands maitres lui étaient familières et elle les jouait avec une facilité et un talent d'expression qui les surprenait eux-mêmes. Elle aussi, d'ailleurs, sans parler de mille improvisations non écrites et toujours applaudies à l'audition, a su composer des œuvres charmantes comme *la Nuit d'Été*, *la Prière*, *l'Aveu*, *la Brise du Soir*, *Camargo*, *l'Esprit aimé*, ravissante mélodie (paroles et musique) à la mémoire de son père.

Si la fibre musicale eût été moins dominante dans cette nature d'élite, ses succès littéraires eussent pu égaler ceux de la grande musicienne; elle en a donné la preuve dans les articles fort remarqués et fort goûtés qu'a publiés, sous son nom, la *France musicale*, dans cet essai qui, sous le titre de *la Marquise de Presles*, a paru, en 1857, dans le *Mousquetaire*, et à propos duquel Théophile Gautier, a gracieusement complimenté les jolis doigts qui savaient charmer par la plume comme sur le clavier. Mais ce qui était encore supérieur à ce double talent, c'était la bonté aimante, la charité généreuse qui surabondait dans le cœur de Madame Mennechet de Barival; heureuse du bonheur d'autrui, elle souffrait de ses chagrins et de sa détresse, elle s'ingéniait, elle se multipliait pour y porter remède et secours.

Aussi faisait-on de continuels appels à sa charité et à son talent, sans jamais en être rebuté ; innombrables sont les témoignages qu'elle en a notoirement donnés, plus innombrables encore ceux qui sont restés discrets et intimes.

Pour le succès des grandes fêtes de charité, on invoquait le concours de son talent et de la séduction de sa charmante personne. En voici un échantillon pris au hasard des journaux de 1851 :

« Un concert au profit des sourds-muets de France aura lieu le 17 courant, à l'hôtel Monaco ; les assistants de cette attrayante solennité musicale seront, avec quelques-uns de nos plus grands artistes, des dames amateurs connues par de brillants succès de salon. On cite parmi elles une des grandes célébrités qu'a produites le monde élégant, Mme Mennechet de Barival, qu'un merveilleux talent de finesse et de grâce et d'admirables compositions ont mise au premier rang. »

Hélas ! l'existence des meilleures et des plus nobles créatures humaines est toujours trop courte ici-bas, surtout quand la mort les frappe à quarante-cinq ans, comme ce fut le cas de la brillante et généreuse artiste. Après de longues souffrances supportées avec la plus chrétienne résignation, elle rendit sa belle âme à Dieu, en janvier 1861. On ne saurait décrire le deuil que produisit cette fin si lamentablement prématurée ; à la profonde douleur du mari, devant une perte aussi cruelle, répondirent, de toutes parts et dans toutes les sphères, les plus vives émotions de regret et de sympathique tristesse.

Bien trop sommaire est cette notice pour la mémoire de celle qui en est l'objet. Que ne peut-on y joindre tous les témoignages écrits d'admiration et de tendre affection qui lui étaient si souvent adressés et dont un trop grand nombre a disparu avec elle. Mais, du moins, ceux qui vont suivre peuvent encore utilement servir à démontrer jusqu'à quel point elle était appréciée pour son talent et pour son cœur, notamment par la famille Victor Hugo. La femme du grand poète, dont les éminentes qualités personnelles, pour être en valeur, n'avaient rien à emprunter à l'éclat du génie de son mari, s'était liée d'intimité avec Mme Mennechet de Barival, et c'est pourquoi les épaves conservées de sa correspondance figureront, en majeure partie, dans les citations ci-après.

LETTRE AUTOGRAPHE

DU DUC DE MONTPENSIER

Encore sous le coup d'un deuil de famille.

Madame,

Vous aurez apprécié les douloureuses circonstances qui ne m'ont pas permis jusqu'ici de répondre à la lettre que vous avez eu la bonté de m'écrire.

J'ignore s'il est encore temps de le faire ; mais je tenais du moins à vous prouver une bonne volonté et tout le prix que j'aurais attaché à m'associer à une œuvre de charité qui, sous les auspices d'un talent que j'ai applaudi avec un si vif plaisir, ne peut manquer de porter les plus heureux fruits.

Veuillez agréer, Madame, l'expression de mes sentiments,

Antoine d'Orléans.

LETTRES DE VICTOR HUGO

Après la triste mort par submersion

de sa fille aînée.

2

I

Vendredi.

Merci, Madame, que vous êtes bonne ! Je souffre, je vous remercie, je vois à peine ce que j'écris; mais j'ai besoin de vous remercier et de me mettre à vos pieds.

V. H.

II

26 juillet (1848?)

Votre douce lettre m'a charmé, Madame, j'ai bien tardé à vous répondre, mais vous savez que je suis le centre d'un tumulte et qu'une foule de niais furieux font rage contre moi ; ces sottises me prennent quelquefois du temps, mais ne m'empêchent pas de songer à mes amis.

Je profite d'une éclaircie pour envoyer tous mes hommages à votre ciel bleu.

Permettez au buveur de sang de baiser vos belles mains harmonieuses.

Victor Hugo.

III

Marine-Terrace, 17 avril 1854.

Je commence, Madame, par vous remercier de votre gracieux et précieux envoi.

Nous parlons bien, ici, de vous, en famille et le bruit de vos succès nous arrive. Vous nous envoyez mieux encore que le bruit, vous nous envoyez notre part. Recevez les bénédictions et les reconnaissances de nos amis qui souffrent. Dites-vous qu'avec quelques-unes de ces notes charmantes qui s'envolent et font dire aux niais : à quoi cela sert-il ? vous avez donné des souliers aux pieds nus et du pain aux bouches affamées.

Quand vous reverrons-nous, Madame ? Quand entendrons-nous ce piano que vous transfigurez et auquel vous donnez votre âme ? Quand retrouverons-nous tous les visages aimés, tous les sourires charmants, tous les amis, tous les bons cœurs? Dieu le sait! En attendant, nous avons la nature, quelques fleurs, la mer, le solitude et le souvenir.

Votre élève me charge de vous embrasser elle nous rend quelquefois, comme un écho de vos ravissantes mélodies, nous l'écoutons et nous pensons à vous. Ma femme vous envoie ses plus tendres affections et mes fils et moi nous baisons vos belles mains harmonieuses.

V. H.

IV

Marine-Terrace, 1er juillet 1854.

Vous avez déjà été la Notre-Dame-de-Bon-Secours, voulez-vous l'être encore, Madame? Je recommande à votre cœur bon et charmant nos pauvres amis en détresse, et je me mets à vos pieds.

V. H.

V

Marine-Terrace, 18 août 1854.

Comment vous dire, Madame, ma reconnaissance et mon attendrissement, vos 180 francs ne pouvaient arriver plus à propos ; j'ai immédiatement remis 100 francs à la caisse et réservé 80 francs pour les misères en habit noir qui n'osent pas demander ouvertement et qui sont des plus touchantes, je pense ainsi remplir vos excellentes intentions.

Vous êtes bien toujours la même charmante femme : un cœur qui a du talent et une âme qui a de l'esprit.

Votre élève tâche de ne pas être trop indigne de vous, elle nous joue de votre musique, mais elle ne la joue pas avec vos doigts ; elle fait de son mieux, ce qui suffit à nous charmer et nous applaudissons; l'Écho vous en porte-t-il quelque chose ?

Une moitié de Marine-Terrace vous embrasse, l'autre moitié vous baise les mains.

V. H.

LETTRES

DE MADAME VICTOR HUGO

I

29 janvier 1845.

Madame,

Vous avez bien voulu vous occuper de nos plaisirs, permettez-moi de chercher à distraire les moments de loisir que les vôtres vous laissent, en vous envoyant cet ouvrage que mon mari dépose à vos pieds.

Nous serons heureux s'il nous rappelle, quelquefois, à votre souvenir.

Veuillez Madame, recevoir l'assurance de mes plus tendres sentiments.

Vtesse Victor Hugo.

II

9 novembre 1845.

Ma chère Madame,

Il n'y a rien de perdu ; l'on a envoyé de chez moi le gibier en question, il est excellent et nous en avions conservé le meilleur, afin de pouvoir le manger avec vous ; puis, au moment où je vous écrivais, j'ai reçu votre mot peu aimable qui me dit que vous allez voyager.

Écrivez-moi tout aussitôt votre retour, afin que nous nous mettions tous à vos pieds, pour que vous nous accordiez une journée, et nous vous garderons jusqu'à après dîner ; songez à cela. M. Mennechet sera sans doute de retour et vous accompagnera.

A vous de cœur,

Vtesse Victor Hugo.

III

Mercredi.

Madame et chère amie,

Victor vous envoie une place au centre pour la séance de demain. Si ces places n'étaient pas aussi circonscrites, il vous en aurait envoyé deux, afin que M. Mennechet pût vous accompagner; mais cela lui a été impossible. Madame Bouclier est, de son côté et pour la même raison, dépossédée de son mari, entendez-vous avec elle, afin de savoir avec qui causer.

Vous voyez, chère amie, que nous pensons à vous.

Je vous embrasse de tout cœur,

Vtesse Victor Hugo.

IV

13 novembre 1848.

Ma bien chère Madame,

Encore huit jours et j'irai vous demander de venir me voir.

Je suis fatiguée au-delà de tout, de ce long emménagement ; je suis surtout attristée de ne pas voir mes meilleures et mes plus chères amies. Mais nous voilà voisines et nous nous verrons bien souvent. Quant à ce que vous me dites pour vos protégés, vous savez si je suis toute à vous ; c'est parce que je désire ce que vous désirez que pour arriver à cette fin, je vous engage à écrire directement à mon frère (Monsieur Foucher, 20, rue Bellechasse). Écrivez-lui donc, comme vous savez le faire, le plus tôt possible, car il va partir.

Si pourtant la chose vous contrariait trop, vous n'avez qu'à me le faire savoir, et, tout de suite, je solliciterai mon frère.

A vous de cœur,

Adèle-Victor Hugo.

V

Villequier.

Bien chère Madame,

Je vous écris aujourd'hui, en septembre, c'est l'anniversaire de la mort de mon cher Ange ; je ne puis pas chercher un cœur plus tendre que le vôtre, pour donner cours à l'expansion de mon pauvre cœur déchiré ; il y a pourtant, vous le savez, vous, de la douceur à penser que l'on souffre pour ce que l'on aime. J'ai cueilli, il y a plusieurs jours, sur la tombe de mon enfant quelques feuilles qui ne sont pas ce que je pourrai vous envoyer de plus charmant ; mais c'est ce qui l'entoure et doit l'approcher davantage. Je me rappelle que, l'année dernière, vous m'avez demandé une fleur, pour en faire une relique, une telle demande ne peut être oubliée.

Je vis comme je vous le disais, à la Cloche; je vis dans le vague de la pensée et dans la régularité la plus grande. Je regarde cette nature, je pense à ceux que j'aime; vous savez que vous êtes de ce petit nombre.

Je serai à Paris le 19, et dans quinze je vous embrasserai.

Adieu, écrivez-moi longuement, chère et charmante femme; travaillez, nous n'avons tous qu'à y gagner.

La vicomtesse Victor Hugo,

chez Madame Vacquerie, à Villequier, par Caudebec (Seine-Inférieure).

VI

Saint-Hélier, 21 septembre 1852.

Chère Dame,

Maintenant que nous sommes installés, que nos chers hôtes sont partis (car Monsieur et Madame Meurice sont venus passer quinze jours chez nous) je suis prise du besoin de causer avec vous.

De Villequier où votre bonne lettre est venue me trouver, nous sommes allés au Havre, du Havre, nous nous sommes embarqués à Southampton ; puis, de cette ville, nous avons pris un bâtiment qui nous a conduits à Jersey, en tout vingt-quatre heures de mer : heureusement ni moi, ni ma fille ne sommes sujettes au mal de mer. Auguste, qui nous accompagnait, a été seul un peu souffrant. A Jersey, nous sommes descendus dans une auberge tenue par des Français, ce qui nous a été fort commode, car vous n'imaginez pas de quelles difficultés la vie se complique, quand on parle une langue différente. Mon mari et Charles sont arrivés douze jours après nous, les proscrits de Jersey sont allés les attendre à leur sortie du bateau ; ils ont tant de joie de voir mon mari que j'en ai été touchée. Les journaux de la localité avaient déjà fait des articles pour acclamer la venue de mon mari. Nous nous sommes mis en demeure de chercher un logis ; il s'est élevé une difficulté à cette occasion, ma fille voulait habiter à la ville de Saint-Hélier, capitale de Jersey, et mon mari voulait habiter au bord de la mer ; les deux désirs ont été satisfaits ou à peu près. Nous avons loué une maison à cinq minutes de Saint-Hélier et à une demi-heure du centre de cette capitale, la mer vient battre les murs de la terrasse de notre maison.

On ne demande jamais de passeports, il n'y a pas de douane, pas de police ; chacun va, vient à sa fantaisie, s'en tire comme il peut. Les Anglais se croiraient déshonorés si les étrangers, proscrits ou non (ils ne s'inquiètent pas de ce qu'ils sont), ne trouvaient pas, chez eux, appui et protection.

Les femmes inventées par Balzac ne se trouvent point ici. La femme est un être créé par les poètes, une plante de serre chaude et il n'y a de ces plantes qu'à Paris ; il faut pourtant excepter les femmes du Nord qui nous rendent des points, sous le rapport du développement poétique. Chère Amie, il me semble que nous sommes toutes deux à causer, au coin de notre cheminée du salon. Qu'est devenue cette cheminée ? elle est jetée au vent, mais notre amitié reste.

Quand nous parlions ensemble, nos heures n'étaient pas limitées, mon papier l'est, il faut cesser.

Auguste, qui est avec nous pendant notre exil, se met à vos pieds, de même que mon mari et Charles ; Charles est un amour, Adèle vous embrasse.

Voici mon adresse :

Saint-Helier (*Marine-Terrace*)
(*Jersey*).

Écrivez-moi vite et long.

VII

Saint-Hélier, 8 novembre 1852.

Bien chère Madame,

Que devenez-vous donc dans ce pauvre Paris qui nous paraît si heureux de loin ? Il faut qu'il s'y trouve encore des cœurs comme le vôtre pour que la pensée se tourne de ce côté ; la mienne y va, j'y ai laissé des êtres aimés, ces êtres seuls, Dieu le sait, me donnent le regret de l'avoir quitté. Notre existence est douce, nos hommes travaillent, moi je pense à vous. Mon intérieur est gai ; la crainte que l'exil ne soit une souffrance, fait que nous sommes tous charmants, entendez bien, charmants !

Nous avons organisé ici une vente au profit des plus nécessiteux. Je vais tenir une boutique à cette vente, vous savez comment cela se passe.

Si vous aviez des morceaux de votre charmante musique à m'envoyer, je suis sûre de trouver des chalands ; puis j'entendrai de votre musique et il me semble que je verrai vos doigts l'exécuter. Dans ce cas, vous feriez porter les morceaux chez Madame Meurice, avenue Frochot ; elle se chargerait de me les faire parvenir.

Écrivez-moi comment vous disposez votre hiver. Êtes-vous de belle humeur ? vous portez-vous bien ? Comment va votre mère ? J'aime à me souvenir de son beau visage si serein. Ah ! chère dame, quand je me laisse aller à vous écrire, il me semble que vous m'entendez, et pourtant, vous n'êtes pas là ! Hélas ! nous n'avons plus de ces conversations où nous devisions, tâchant de nous brûler les pieds devant un feu que nous travaillions sans cesse, que, pour mon compte, je ne manquais jamais d'éteindre. Combien nous en avons dit, que j'en aurais encore à vous conter ; faites une bonne provision dans votre tête, qu'il y en ait tout un volume, gardez-le moi inédit, si jamais je retourne en France.

Vous allez donc avoir l'Empire, les tailles sous les aisselles, les turbans, les accroche-cœurs, les robes à pointes. Qu'il y a loin de ce costume de Rosine aux rubans flottants et galants !

Si vous voyez les dames Lecoupey, rappelez-moi à leur souvenir ; on ne rencontre nulle part de relations plus douces et plus agréables qu'avec ces charmantes personnes. Vous êtes ponctuelle à faire les commissions, aussi j'aime à vous en charger.

Si Robelin vient coqueter près de vous, dites-lui que si les événements ont élevé une petite séparation entre nous sur les idées, je suis toute entière à lui par le cœur. Du reste, je lui écrirai.

A vous,

Adèle Hugo.

Mon mari, mon Charles et Auguste embrassent vos jolis doigts.

VIII

Saint-Hélier, 10 mars 1853.

J'avais reçu, en effet, chère dame, une lettre de vous et, quand votre dernière est arrivée, je me disposais à répondre à la première ; j'aime mieux répondre à deux, plus vous m'écrivez et plus je suis contente. Les journaux m'avaient appris votre succès ; nous recevons la presse, elle nous avait apporté votre triomphe. C'est une sereine et sainte chose qu'un succès dû à l'art, tous les côtés en sont bons, l'orgueil est satisfait, sans que la dignité soit entamée ; je fais un peu, ce me semble, la pédadogue, ce qui est sans charme ; je devrais être toute grâce, lorsque je suis avec vous, qui êtes la grâce même.

Nous avons fait ce qu'on appelle ici un bazar ; la conséquence a été de nous mette en rapport avec la société de Saint-Helier, ce qui m'a médiocrement amusé, car vous savez que je n'aime pas les nouveaux visages ; du reste, cette société a montré tant de zèle et de cordialité, à cette occasion, que je lui en garde une véritable reconnaissance. Vous savez que cette vente a eu lieu au profit des proscrits et vous vous rappelez que vous m'avez envoyé de votre musique, ainsi que de celle de M. Ambroise Thomas. Votre musique et celle de M. Ambroise Thomas a fait rage, s'est enlevée, si bien que nous n'avons pu satisfaire la centième partie des demandes, notre vente a complètement réussi, vous y êtes pour beaucoup.

J'accepte, avec une profonde gratitude, chère dame, la somme d'argent que vous donnez à nos frères les proscrits, cette somme va grossir la caisse de ces pauvres gens, lesquels ont bien besoin d'être secourus, et méritent toute sympathie ; car beaucoup souffrent avec courage et résignation.

Vous me demandez comment me faire arriver l'argent ; c'est simple : Meurice, plein de grâce pour nous, veut bien se charger de nos petites affaires, vous n'avez qu'à lui envoyer votre don, avec un mot explicatif, il nous le fera tenir ; vous savez que Meurice demeure avenue Frochot, écrivez-lui un mot, comme vous savez le faire, tout le monde sera comblé.

Adieu, chère dame, écrivez-moi vite et long. Dites à votre amie, la duchesse d'Otrante, que je pense à elle; je sais ce que sont ses souffrances. Remerciez, avec effusion, M. Royer des vers qu'il a adressés à mon mari ; rien ne lui est plus doux que des souvenirs venant de France, des souvenirs de ses compatriotes dans son exil; il vous baise les mains, il vous écrira pour vous remercier, au nom des proscrits. Adèle vous embrasse ; Auguste, Charles et Toto, que je possède enfin, se mettent à vos pieds.

Adèle.

IX

11 octobre 1857.

Je suis en retard pour vous écrire, chère amie, je sors d'avoir du monde, je suis revenue de Londres très souffrante et le suis encore, mais vous, comment êtes-vous? Écrivez-moi tout de suite, et, si vous êtes trop malade pour m'écrire, priez Monsieur Mennechet de vous remplacer. Vraiment, faites que j'aie de vos nouvelles, tout de suite; que je sache ce que vous éprouvez. Je ne puis vous voir, je tiens, en les connaissant, à prendre ma part de vos maux; l'amitié c'est la solidarité, c'est le partage du bien comme du mal et il me semble que j'enlèverai un peu de votre mal, en m'y associant. Mon mari vient de publier deux volumes en vers: la *Légende des Siècles*, vous le savez sans doute. Le succès est grand, dit-on; ce succès sera d'autant plus flatteur pour mon mari qu'il en aura près de vous. Mes fils travaillent et nous rendent heureux; nous avons besoin de cette joie, nous qui sommes loin de notre pays et de nos amis, et peut-être pour toujours. Chère amie, quel poids que la vie! mais je crois que chacun a son fardeau et que personne n'est heureux. Ce n'est pas bien consolant ce que je vous dis-là, moi qui veux vous remonter, vous faire prendre courage, c'est bien gauche.

J'ai ma sœur, madame Charney, près de moi; Auguste, qui est venu nous voir, est reparti. J'espère aller vous embrasser cet hiver et me dédommager d'avoir été si longtemps loin de mes amis; vous savez que vous êtes pour moi des plus chères.

Adèle.

Ma fille pense souvent à vous, et vous envoie toutes ses tendresses.

X

Guernesey, 7 octobre 1858.

Courage et force, bonne amie ! Croyez en mon cœur et mes entrailles, vous reverrez votre mère ; moi je crois fermement que je retrouverai ma fille, elle n'est pas perdue, elle est éloignée seulement, peut-être même est-elle près de moi, peut-être assiste-t-elle à ma vie. Je crois cela, voyez-vous, car je lui parle souvent, comme si elle était à mes côtés ; j'écoute sa douce voix et ses conseils, dans mes heures douloureuses, je m'appuie sur cette âme adorée.

Dieu ne se joue pas des créatures. J'ai la foi profonde dans la perpétuité de la vie et dans la correspondance des âmes. Cette croyance ne peut être chimérique et Dieu ne peut la tromper.

Comment, nous aurions pareilles convictions, des aspirations aussi élevées ; nous aurions la certitude de retrouver nos affections, et il n'y aurait rien de cela? Mais c'est impossible, nous rêverions l'amour éternel et nous ne serions que néant, nous croirions aller à de nouvelles vies et nous tomberions dans la nuit, nous aurions des aspirations que Dieu ne peut satisfaire, et nos désirs surpasseraient sa puissance, nous serions alors plus grands que lui.

Votre mère a eu une longue vie, elle a dû la quitter doucement, sans souffrance, elle est heureuse. Maintenant, ne troublez pas cette paix, mon amie, par une trop grande douleur ; vous savez, votre mère n'aimait pas vous voir souffrir, elle suit vos larmes, voit votre âme et se désespère de votre désespoir ; ce que vous éprouvez, votre mère l'éprouve, car elle est toujours à travers vous ; n'ayez donc pas un regret trop amer pour elle.

C'est maintenant que je sens l'exil ; car je ne puis être près de vous, vous parler, vous embrasser, vous persuader, vous pénétrer ; si je ne puis être avec vous, bonne amie, croyez que ma pensée y est tout entière.

Je voudrais bien avoir de vos nouvelles promptement, savoir ce que vous devenez ; si vous ne pouvez le faire, dites à votre mari de m'écrire.

C'est à lui que je m'adresse, contentez-vous de faire ma commission.

A vous à toujours,

Adèle Hugo.

LETTRE

DE VICTOR HUGO FILS

Jeudi.

Chère Madame,

Ma mauvaise étoile me suit toujours. Il me sera complètement impossible de causer avec vous, aujourd'hui, de votre œuvre que, sans flatterie, je qualifie de charmante.

Si vous saviez que d'affaires, que de complications imprévues m'empêchent d'aller vous voir, vous me plaindriez et vous m'excuseriez. J'ai pris sur moi de ne pas vous renvoyer encore le roman, malgré tout ce retard; ai-je bien ou mal fait?

Me permettez-vous de le garder jusqu'à samedi? A deux heures, je vous le porterai.

Votre admirateur,

Victor Hugo.

VERS ADRESSÉS PAR

MONSIEUR CHARLES HUGO

A MADAME MENNECHET DE BARIVAL

J'aime votre col de camée
Votre front de noblesse empreint,
Votre peau fine et parfumée
Et vos yeux si doux qu'on les craint ;

Vos lèvres roses et discrètes
Qui, riches de baisers joyeux,
Doivent parfois payer les dettes
Que font en secret vos doux yeux.

Sous les plis fiers du damas rose
J'aime votre buste élégant,
Où, pour le bal, votre doigt pose,
Le soir, un camélia blanc.

Vos cheveux où la main se noie,
Quand vous les peignez le matin,
S'allongeant en grappes de soie
Sur vos épaules de satin.

Votre main en grâces abonde,
Et j'affirme, après examen,
Qu'il n'est que votre pied au monde
D'aussi petit que votre main.

Vous savez l'art d'être coquette,
Vous dansez mieux que Camargo
Vous mettez l'âme d'un poète
Dans le sein creux d'un piano.

Puis, vous avez des airs régence
Vous avez, femme sans défaut,
A chaque pas de l'élégance
Et de l'esprit à chaque mot.

Parfois, une malice étrange
Vous saisit, soit dit sans sermon ;
Et, si vous n'étiez pas un ange,
On vous prendrait pour un démon.

Vous avez d'adorables poses,
Le poignet fin, un joli bras,
Les dents blanches, les ongles roses
Vous dites gentiment : *hélas !*

Vos colères, mêmes les pires,
Charment ; malgré vous, vous plaisez,
Vos grimaces sont des sourires,
Vos souffles valent des baisers.

Vous avez une grâce exquise,
Vous êtes de haute maison,
Et Dieu vous fit deux fois marquise,
Par la grâce et par le blason.

Vous pourriez être souveraine,
Impératrice et mieux encor;
Votre main, si vous étiez reine,
Anoblirait le sceptre d'or.

Vous êtes une fée, une ombre,
Il ne vous manque rien, d'honneur;
Vous avez des succès sans nombre,
Les femmes vous ont en horreur.

Vous avez tout : des gaîtés vives,
Mille musiques dans la voix ;
De l'entrain, des fureurs naïves,
Des frayeurs de biche aux abois,

Maint prestige, un air de déesse
A rendre des moines païens,
Une ineffable gentillesse,
Et deux ravissants petits chiens.

Charles Hugo.

LETTRES

D'AUGUSTE VACQUERIE

I

Je me risque, Madame, et fais les avances. Maintenant je suis dans vos mains et il dépend de vous de me faire repentir de ma confiance.

Voici des vers faits exprès pour vous, quoique, par malheur, ils ne puissent s'adresser à vous; ils s'adresseront si vous voulez, à la femme idéale qui est aimée de tout poète et que réalisent, plus ou moins complètement, celles qu'il rencontre.

S'ils ne vous plaisent pas, jetez-les au feu et pardonnez-moi l'impuissance de mon esprit.

Après cela, si grossier que soit le canevas, qu'importe, quand vous aurez mis dessus les broderies de votre musique ! ainsi brodé, il n'y aura pas de dentelle qui la vaille.

Ces vers sont à vos pieds et le poète aussi.

A. Vacquerie.

II

Voici, Madame, ma romance augmentée comme vous l'avez désiré ; vous voyez à quel point je vous obéis. Maintenant, j'espère qu'en voilà assez ; il faut tout votre talent pour que cela semble court.

Nous nous précipiterons samedi chez vous et nous vous reprocherons de n'être pas venue hier à la place Royale, comme vous nous en aviez fait la promesse.

Votre humble admirateur,

A. VACQUERIE.

III

Mardi 17.

Madame,

J'ai fini, hier, *Christine* et je courrais vous dire le plaisir que m'a fait cette charmante lecture, si lundi n'était pas si bien. Vous n'avez pas à craindre ma sévérité, ni celle de personne. Qui résisterait à ces délicatesses et à cette passion? Ce que j'ai trouvé principalement dans votre délicieux livre, c'est l'effusion naïve et l'accent irrécusable de la vérité; on sent un flot qui déborde naturellement.

S'il fallait, à toute force, inventer un reproche, je reprocherai à *Christine* de n'appartenir qu'imparfaitement à M. de B..., ce qui empêche de comprendre les droits qu'elle s'arroge sur lui dans la société. Un mot suffirait, et il n'y aurait qu'à supprimer les quelques lignes où la question est agitée au commencement de leur amour. La chose serait sous-entendue.

A part cette objection, que je vous soumets humblement et dans l'unique but de témoigner mon impartialité, je n'ai trouvé qu'à louer; la finesse des touches est bien de vos mains ravissantes, et pour tout dire, en un mot, le portrait est parfaitement digne du modèle.

Veuillez agréer, avec mes remerciements les plus sincères, l'assurance de mon respectueux dévouement.

A. VACQUERIE.

LETTRE

DE

Mme MENNECHET DE BARIVAL

ET

RÉPONSE DU BARON PÉRIGNON

Le sympathique baron Paul Pérignon, député et conseiller à la Cour d'appel de Paris, était de ceux qu'on recevait dans l'intimité, rue Grange-Batelière. On ne s'y gênait pas pour lui faire tantôt des compliments, tantôt des reproches. C'est ainsi qu'il fut amené à solliciter Madame Mennechet de Barival de lui composer son portrait, pour qu'il sût à quoi s'en tenir. Voici dans quels termes la charmante femme le lui adressa :

Cher Monsieur,

Vous m'avez demandé votre portrait, votre portrait moral, comme M. de Larochefoucauld voulut faire le sien, comme Madame de Lafayette fit celui de son illustre amie. Vous me l'avez demandé avec vos mérites et vos imperfections, comme à cette époque heureuse où la galanterie n'était qu'une simple politesse, où la convenance était une habitude, où les égards étaient un devoir ; comme dans ces temps radieux, comme dans ce doux passé où tout semblait simple et facile, depuis l'héroïsme de la valeur jusqu'à la soumission de l'amant. Je n'ai trouvé en vous que de nobles qualités, aussi serez-vous ressemblant.

Vous avez l'âme grande, le cœur compatissant, l'humeur douce et facile, vous êtes bienveillant pour beaucoup, quoiqu'affectueux pour tous. Votre esprit profond et léger sait tout comprendre; vous avez le rire de la jeunesse en sachant rester grave sans être solemnel ; vous êtes simple, naturel sans vanité aucune et vous savez, chose rare, indice certain d'une distinction parfaite, parler beaucoup des autres et fort peu de vous-même. Vous occupez dignement les plus hautes fonctions et vous sauriez vous contenter d'une condition modeste ; vous avez de l'ambition sans envie, des aversions sans haine ; aussi vous avez su vous concilier jusqu'aux esprits inquiets. Vous avez, Monsieur, cette discrétion et cette vertu de l'honneur qui devrait être une loi de votre sexe, afin qu'on pût châtier celui qui oserait y faillir ! Vous avez enfin l'obligeance et le pouvoir, bonheurs qui s'excluent ordinairement l'un l'autre et que Dieu vous a donnés ensemble.

Vous avez, pour servir vos amis, tant de délicates initiatives, tant d'encourageants empressements ; vous avez tant de mémoire pour ce qu'ils vous demandent, tant d'oubli pour ce que vous leur donnez ; vous semblez si heureux de les voir satisfaits qu'on croirait, en vous voyant ainsi, que ce sont ceux que vous obligez qui vous obligent. Vous avez l'expérience sans l'incrédulité, aussi doutez-vous parfois sans vouloir nier jamais. Indulgent, heureux et résigné, vous n'avez ni ces tumultueuses aspirations vers des choses impossibles, ni ce renoncement subit pour ne le point trouver.

En voyant arriver le printemps de la nature, vous songez à ce qui fait le printemps de la vie, et quand vous contemplez le ciel bleu, le triomphant soleil, la verdure et les fleurs, ce doux réveil de Dieu, vous avez besoin du rêve qui vient du cœur, et de l'espoir qui vient du rêve. Charitable et clément, vous plaignez l'insouciant et l'ingrat voyageurs mécontents, allant de contrée en contrée, amoureux sans amour et joyeux sans bonheur, qui existent sans vivre, hélas! et sont heureux ainsi.

Vous avez enfin les qualités qu'on aime et les défauts qui font aimer ; après ce mot je n'ai plus rien à dire. Monsieur, voilà votre portrait, regardez-vous longtemps et dites-moi s'il n'est pas ressemblant.

Caroline Mennechet de Barival.

Madame et amie,

Plus je regarde le portrait que vous m'avez adressé, plus je trouve aimable et habile le peintre qui l'a produit. L'amitié a conduit son pinceau avec une bienveillance si douce et si gracieuse que je ne puis ni ne veux rien critiquer de son œuvre.

Voyez la coquetterie, on trouve le portrait ressemblant!!! un peu flatté, sans doute; mais c'est ainsi que font les grands peintres, en prenant la nature de son bon côté.

Vous n'avez traité que celui-ci et quoique vous disiez délicieusement que votre modèle « a les « qualités que l'on aime et les défauts qui font « aimer, » je crois que vous n'avez pas voulu voir les défauts.

N'y pensons donc pas, n'en parlons pas, soyons

indulgent comme vous l'êtes, avec tant de charmes qu'on s'y laisse prendre et qu'on n'a pas le cœur de vous contredire, ayant celui de vous aimer.

Votre tout dévoué,

P. P.

PAROLES PRONONCÉES

PAR

MONSIEUR LE BARON TAYLOR

SUR LA TOMBE DE

MADAME MENNECHET DE BARIVAL

Le 17 Janvier 1861.

MM.

Les réunions, dans les salons de Paris, font naître des sympathies qui expliquent les paroles que je vais prononcer sur cette tombe. Des femmes d'élite, par la grâce de leur esprit, par leur goût pour les arts, savent répandre autour d'elles un charme inexprimable; cette grâce, ce goût pour les délicatesses de l'esprit font partie des annales de ces salons et servent à l'histoire de notre littérature et de nos beaux-arts.

Madame Mennechet de Barival, dont la mémoire nous est si chère, dont nous portons ici le deuil, comptait parmi les femmes distinguées du monde parisien ; une longue et cruelle maladie vient de la séparer de ses fidèles amis, de briser une existence poëtique qui appartenait aux lettres par son organisation fine et délicate, se reproduisant dans quelques ouvrages distingués, surtout par la grâce, la délicatesse et l'originalité de son imagination.

Elle appartenait aux arts par son talent de pianiste exceptionnel, par ses compositions nombreuses qui ont obtenu, la plupart, un très grand succès ; l'élégance et la pureté du style en ont fait des œuvres remarquables. Ce cœur noble, cette âme si douce et si élevée, cette nature presque parfaite devait être charitable; aussi, que de nombreux services n'a-t-elle pas rendus aux gens de lettres et aux artistes! que de concerts de bienfaisance organisés par ses soins, dont les produits venaient porter la joie dans de pauvres familles, aider à soulager la veuve, et faire vivre de jeunes orphelins! Ah! sans nul doute, les prières de tous les malheureux qu'elle a secourus, les pieux remercîments de toutes les œuvres charitables qu'elle a patronées, aidées de ses bienfaits et fait prospérer, sont arrivées au pied du trône de l'Éternel qui reçoit les compatissants, pour être placés près de lui.

Douce et tendre bienfaisance, tu n'es pas seulement un baume pour adoucir nos misères sur cette terre! Quand le pain manque au vieillard ou à la mère pour nourrir ses enfants, tu exerces une double mission; tu rends heureux celui qui reçoit et celui qui donne, tu prépares, dans un monde meilleur, un avenir de félicité ; c'est le pauvre, alors, qui protège le riche, et Dieu les presse l'un et l'autre dans ses bras.

Poète, artiste, au nom d'une famille éplorée, de tous ses amis, adieu pour l'Éternité !...

EXTRAIT DE

L'UNIVERS MUSICAL

Du 24 Janvier 1861.

Mme MENNECHET DE BARIVAL

Une femme qui, de notre temps, réunissait dans son salon l'élite des écrivains, des artistes et des littérateurs, madame Mennechet de Barival, est morte à Paris le 15 janvier, après avoir souffert pendant trois années toutes les tortures dont puisse être accablée une pauvre créature.

Fille de M. Paillet, grand amateur de musique, madame Mennechet eut, pour maître de piano, le célèbre F. Kalbrenner. Compositeur d'instinct, cette femme pieuse et charitable, consacrait le produit de ses charmants ouvrages pour le piano au soulagement des malheureux. Son excursion dans le domaine littéraire a prouvé tout ce qu'il y avait de fin et de délicat dans ses observations, et les lecteurs de la *France musicale* recherchaient avec empressement les trop rares articles signés de son nom respecté.

Nous aimons à nous rappeler les charmantes soirées de la rue Grange-Batelière, elles réunissaient les hommes les plus illustres de notre temps; Victor Hugo, Émile de Girardin et tant d'autres illustrations s'y coudoyaient; on y faisait plus spécialement de la musique, mais quelle musique! La maîtresse de la maison s'y faisait entendre et ses ravissantes compositions semblaient doubler de prix, lorsqu'elle les exécutait elle-même. Les grands maîtres n'étaient pas oubliés et c'est elle qui nous a révélé tout ce qu'il y a de poétique dans les Études de Cramer; le génie illumine et transfigure tout ce qu'il touche. Si madame Mennechet était éblouissante dans les grandes occasions, elle avait en revanche la simplicité d'un enfant, dans ses petites causeries intimes, où quelques amis de choix étaient seuls admis.

Marié à son cousin, elle était adorablement secondée par cet homme de goût, dans son amour pour le luxe de bonne compagnie, et l'un de ses titres à l'estime et au respect de tout le monde est dans la charité sans bornes, dont elle.donnait si souvent des preuves publiques. Ce fut elle qui, en 1846, organisa, la première, un concert au

Conservatoire pour les inondés de la Loire. Surmontant sa timidité naturelle, elle joua dans ce concert avec une très grande supériorité. Pendant plusieurs années, les messes de Sainte-Cécile, à Saint-Eustache, la comptèrent parmi les plus dévouées dames patronesses.

Le style épistolaire de madame Mennechet était tout à la fois correct, élevé et plein de sentiments exquis. Que de lettres charmantes dictées par son cœur, ont su consoler, au fond de leur exil, d'Illustres amitiés!

A peine âgée de quarante ans, madame Mennechet est descendue dans la tombe. Ses obsèques ont eu lieu le 17 janvier à Notre-Dame-de-Lorette, sa paroisse. Les consolations de la religion ont adouci ses derniers moments; et si les soins les plus tendres et les plus dévoués pouvaient sauver ceux que l'on aime, elle serait encore l'ornement de la société parisienne. M. Bataille a chanté un *Pie Jesu* de M. F. Bazin avec une expression bien touchante et par une attention qui honore M. Bazin, la ritournelle de ce *Pie Jesu* était fournie par le motif favori d'un des morceaux les plus populaires de l'illustre regrettée: le même chanteur a exécuté un *Agnus Dei* de M. Ambroise Thomas, et ce morceau a profondément ému tous les auditeurs amis qui étaient venus rendre les derniers devoirs à Madame Mennechet.

C'est au cimetière du Nord que l'inhumation a eu lieu ; M. le baron Taylor y a prononcé un discours d'une grande élévation d'idées. Il était bien du prototype de la charité moderne artistique de la célébrer, sur la tombe de celle qui l'a si bien pratiquée! C'est près de sa mère, qu'elle adorait, que Madame Mennechet repose pour l'éternité.

Puissent les regrets de tous ses amis adoucir la douleur d'un époux et de ce cercle d'intimes qui, maintenant, n'ont pour consolation que le douloureux bonheur de bénir sa mémoire vénérée.

Antony Elwart.

BIBLIOTHÈQUE NATIONALE R.F. IMPRIMÉS

COMPIÈGNE

IMPRIMERIE HENRY LEFEBVRE

31, RUE SOLFERINO, 31

www.ingramcontent.com/pod-product-compliance
Ingram Content Group UK Ltd.
Pitfield, Milton Keynes, MK11 3LW, UK
UKHW020927180726
13838UKWH00002B/802